新雅‧寶寶生活館
寶寶快樂成長系列

我有愛心

作者：佩尼‧塔索尼 (Penny Tassoni)
繪圖：梅爾‧霍亞 (Mel Four)
翻譯：Zeny Lam
責任編輯：林沛暘
美術設計：鄭雅玲
出版：新雅文化事業有限公司
香港英皇道499號北角工業大廈18樓
電話：（852）2138 7998
傳真：（852）2597 4003
網址：http://www.sunya.com.hk
電郵：marketing@sunya.com.hk
發行：香港聯合書刊物流有限公司
香港荃灣德士古道220-248號荃灣工業中心16樓
電話：（852）2150 2100
傳真：（852）2407 3062
電郵：info@suplogistics.com.hk
版次：二〇二一年六月初版

ISBN: 978-962-08-7679-0
Original title: *Time to Care*
Text copyright © Penny Tassoni 2021
Illustrations copyright © Mel Four 2021
This translation of Time to Care is published by Sun Ya Publications (HK) Ltd. by arrangement
with Bloomsbury Publishing Plc through Andrew Nurnberg Associates International Limited.
Traditional Chinese Edition © 2021 Sun Ya Publications (HK) Ltd.
18/F, North Point Industrial Building, 499 King's Road, Hong Kong
Published in Hong Kong
Printed in China

我有愛心

佩尼·塔索尼 著

Penny Tassoni

梅爾·霍亞 繪

Mel Four

新雅文化事業有限公司
www.sunya.com.hk

關心是指友善待人和樂於助人。

這裏有誰關心別人？

他們做了什麼來關心別人？

當你需要幫忙時，

誰來幫助你？

誰給你一個擁抱？

在家裏，你也可以關心別人！

你只需要幫助
有需要的人……

幫忙收拾……

玩具

安靜地
等候……

還有細心聆聽。

你可以關心朋友。

你只需要問問他們
為何傷心。

我們還可以怎樣關心朋友呢？

分享玩具⋯⋯

說鼓勵
的話……

邀請他們
一起玩。

你無時無刻都可以關心別人。

別忘了關心你的寵物
和其他動物。

靜靜地看着牠們，
聽牠們鳴叫，也算
是關心。

你還可以關心
植物。

你有試過照料植物嗎？

關心別人時，你會說什麼話？

如何培養寶寶關心別人的好行為

關心別人是一種需要時間慢慢培養的社交技能。友善和體貼的舉動，對寶寶結交朋友和維繫友誼非常重要，還有助他融入羣體生活。寶寶會透過觀察和模仿大人的行為，學習如何關心別人。當寶寶三歲時，他一般便開始懂得分享、輪候，並對其他人釋出善意。大部分寶寶到了四歲時，已經能夠主動表示關心。如果爸媽想寶寶自動自覺關心別人，便需要多給寶寶鼓勵和協助。您不妨參考以下的一些方法：

- 當寶寶對別人展現出任何關心和善意，不管是多細微的舉動，您也要讚賞他。

- 當您替別人開門，或是跟別人說「謝謝」時，跟寶寶解釋自己為何會這樣做，讓寶寶也慢慢學會以同樣的方式對待別人。

- 嘗試跟寶寶一起做善事，讓他親身實踐關心別人，例如：送食物給鄰居、把舊衣服捐給別人。

- 在節日或特別的日子，鼓勵寶寶向別人表示關心，例如：寫生日卡給朋友、為朋友預備聖誕禮物。

- 請您時常把「請」或「謝謝」掛在口邊，以身作則。

- 當有人跟寶寶分享玩具，或是幫助寶寶時，請他嘗試表達當時的感受。

- 當寶寶跟您說「謝謝」，或是給予協助時，跟他說說您的感受，幫助寶寶了解表示關心能為您帶來好心情，是有利他人的事。

- 當寶寶接近三歲，您可時常提醒他說「謝謝」，讓寶寶在日常生活中不斷練習。

　　請謹記「關心」這種意識是需要花時間逐步培養的。若寶寶暫時還未學會，請您不用擔憂。即使他有時自私一點，也是可以慢慢糾正過來的。